懐紙で包む、まごころを贈る

長田なお

和紙の包みを折るたびに、いつも思います。
なんて美しい形なんだろうと。

突然ですが、折形という言葉をご存知でしょうか？
穢れのない真白い和紙で贈りものを包む、日本の伝統的な礼法のことです。
身近なものでいうと、「のし紙」や「のし袋」のことで、お世話になった人への感謝、尊敬、愛情、そして礼節を表すのに、折形は非常に有効な手段なのです。
古来は、神仏を祀る場での格式ある祭器であり、とても神聖なものでした。
人々は神仏の加護を祈りながら、折形を大切にしてきたのです。
そこに大陸の陰陽思想が交わり、やがて、人々の協力や支えに対して真心を表す、さまざまな美しい形へと変化していった歴史があります。

このように神様への捧げものでもあった伝統ある折形ですから、あるべき正式な作法や形があります。
しかし、残念ながら、今日の冠婚葬祭の場で見かける祝儀袋には、本来の形を大きく乱したものが多数出回っています。
今の日本では、受け継ぐべき伝統が薄れていっているようです。
先人たちが守りつづけてきた美しい文化が、このまま人々の心から遠く離れてしまうのは、あまりに残念だと思いませんか？

かといって、いきなり格調高い奉書紙を使ったお祝い包みを折るのは、敷居が高いものです。

そんなときに実践してほしいのが、懐紙で包む折形なのです。
懐紙とは、懐中できる二つ折りの紙の束で、茶道でよく使われるものです。
全国の百貨店や和紙の専門店などで、簡単に、そしてお手頃な値段で入手できます。
お祝いをはじめとしたちょっとした贈りものをしたり、あるいは借りたものを返したり、親しい人になにかを手渡す機会はしばしばあるものです。
手軽な懐紙で包めるような簡単なものからでも、まず自分の手で折ってみてほしいのです。
そして、少しでも日本古来の美しい文化に触れてください。
本書で使用する和紙は懐紙を基準にしていますが、もっと興味がある方に向けて、奉書紙や水引を使った折形もご紹介しています。

日常の用に、ちょっとしたときに、懐紙をさっと取り出して、感謝の気持ちを込めた包みを自分で折って渡せたら、素敵なことですね。
心を込めたお包みは、お相手の目にも、そして自分の目にも、美しい姿に映るに違いありません。

目次

知っておきたい「懐紙」のこと　　　6
折って、包んで、贈りたい、「折形」のこと　8
和紙のこと　　　10

かいしきを折る　　　12
基本になるかいしきの形　　　14
懐紙を折るときのコツ　　　16
鶴のかいしき その1　　　17
鶴のかいしき その2　　　18
亀のかいしき　　　19
コロコロしたお菓子に便利なかいしき　20
黒文字を入れるかいしき　　　21
残菓包み その1　　　22
残菓包み その2　　　23

心付けの包みを折る　　　24
たとう包み　　　26
万葉包み　　　28
表書きをする場合　　　29
吉事の金封包み その1／凶事の金封包み　30
吉事の金封包み その2　　　32
内包み　　　33
紙幣包み　　　34
コイン包み　　　35
縦長のコイン包み　　　36
紅包み　　　37
打ち紐包み　　　38
覚えておきたい吉事と凶事の決まり事　39

お手軽な縁紅紙を使った折形　　　40
縁紅紙を使った心付けの包み　その1　41
　　　　　　　　　　　　　　その2　42
　　　　　　　　　　　　　　その3　43

祝い事の彩りになる包みを折る　　44
鶴のごま塩包み　　　46
粉の内包み　　　49
熨斗のごま塩包み　　　50
きなこ包み　　　53
鶴のお年玉包み　　　54
本来のお年玉とは？　　　57
祝い箸包み　　　58
祝い箸について　　　59
門松包み　　　60
花包み　　　61

水引を結ぶ　　　62
真結び　　　64
輪結び・日の出結び　　　65
片輪結び　　　66
両輪結び　　　67
鮑結び・淡路結び　　　68
鮑返し・淡路返し　　　69
梅の花結び　　　70
結び熨斗　　　72
松葉熨斗　　　74

おわりに　　　76
和紙の取り扱い店　　　78
折形別 使用できる和紙の一覧　　79

折形の用途別一覧

お菓子をお出ししたいとき	基本のかいしき 吉事用 (p.14) 鶴のかいしき (p.17/p.18)／亀のかいしき (p.19) コロコロしたお菓子に便利なかいしき (p.20) 黒文字を入れるかいしき (p.21)
お菓子が少し残ったとき	残菓包み (p.22/p.23)
ちょっとしたお金や小さいものをお渡しするとき	たとう包み (p.26)／万葉包み (p.28) 吉事の金封包み (p.30/p.32) 内包み (p.33)／紙幣包み (p.34) コイン包み (p.35)／縦長のコイン包み (p.36) 紅包み (p.37)／打ち紐包み (p.38) 縁紅紙を使った心付けの包み (p.41/p.42/p.43)
お正月に彩りを加えたいとき	鶴のお年玉包み (p.54)／祝い箸包み (p.58) 門松包み (p.60) ※お年玉包みとして、たとう包み、万葉包み、吉事の金封包み、紙幣包み、縁紅紙を使った心付けの包みも使用できます。
おめでたいことがあったとき	鶴のごま塩包み (p.46)／熨斗のごま塩包み (p.50) きなこ包み (p.53)／粉の内包み (p.49) 祝い箸包み (p.58)
花をお渡ししたいとき	花包み (p.61)
正式なご祝儀袋が必要なとき （檀紙・奉書紙を使用する）	たとう包み (p.26)／吉事の金封包み (p.30/p.32) 内包み（半紙・p.33) 〈内包みとして〉 縁紅紙を使った心付けの包み (p.41)
正式な不祝儀袋が必要なとき （檀紙・奉書紙を使用する）	たとう包み (p.26)／凶事の金封包み (p.30) 内包み（半紙・p.33)
月謝・謝礼をお渡しするとき （奉書紙を使用する）	たとう包み (p.26)／万葉包み (p.28) 内包み（半紙・p.33)

知っておきたい「懐紙」のこと

　懐紙とは、懐中におさめる二つ折りの紙の束をいいます。茶道の世界には必需品で、お菓子をのせたり、抹茶を飲んだ後に茶碗の飲み口を拭いたり、また、飲み口をぬぐった指を清めたり、さまざまな用途に使います。実はこの懐紙、お茶の席以外でもとても便利で、多目的に使うことのできる優れものなのです。

　もう少し、懐紙のことを学んでみましょう。懐紙は、文字どおり懐中の紙のこと。そのことから、別名「ふところがみ」とも呼ばれます。かつては、貴族の人々が現在の茶道用の懐紙より大きい紙（およそ縦360mm×横500mm）を折り畳んで懐中していたことから、「たたみがみ」と呼ばれていました。それが「たとうがみ」に変化したのですが、更に略して「たとう」ということもあります。今日でも皇族の方々が装束をお召しのときには、この「たとうがみ」と同じものを懐中されていらっしゃいます。天皇・皇后両陛下の装束に懐中される懐紙のことは、「御帖紙」と呼ばれていますが、皇室の儀式などが放映されるときに、目をこらしてご覧になってみてください。

　そんな伝統ある懐紙ですが、その歴史は平安時代中期にまで遡ります。まだ紙が貴重だった時代、貴族たちの身だしなみとして、日常の用に用いられたのが懐紙でした。いつも懐に入れておき、煩雑な儀式の備忘録を記したり、和歌や漢詩などをしたためていました。また、神社仏閣詣など遠出の折には、書状類としても用いられていたようです。有名なものでは、後鳥羽天皇が熊野参詣の道すがらに開いた和歌会のときの「熊野懐紙」などが残っています。一千年以上も前から重宝されてきた貴族の懐紙は、書

写用の「本懐紙」としていまでも受け継がれています。

現代の一般的な懐紙、つまり茶道用の懐紙は、およそ女性用が縦 175mm ×横 145mm、男性用が 205mm × 175mm で、携帯しやすい大きさとなっています。別名、小菊紙とも呼ばれる万能な和紙です。手漉きでなく機械漉きの和紙でも、洋紙とは違ったふっくらとした手触りがあり、上品な質感と趣が特徴です。裏面が透けない適度な厚みがあって、固さも程よく、吸水性もよいことから、さまざまな用途に使うことができます。また、持ち運び便利なので、懐中やバックなどに入れておけばなにかの折に役立ちます。懐紙を携帯することは、昔から淑女のたしなみであり、懐紙は賢夫人の七つ道具のひとつに数えられました。現代の私たちもこのいいことずくめの懐紙を、是非、バックの中に一帖（30 枚）入れておかれることをおすすめします。

懐紙の具体的な使い道

・敷き紙として・お菓子をお出しするときの銘々皿として・なにかこぼれたときの拭くものとして・ナプキンとして・メモ用紙として・ちょっとしたお便りとして・一筆箋として・心付けの包みとして・おひねりとして・コースターとして・ティッシュペーパーとして（実際に、貴族の世界では懐紙を「鼻紙」と呼ぶこともありました）・お菓子を持ち帰るときの入れものとして・覆い紙として・天ぷら紙として・ハンカチ代わりに・懐石料理をいただくときに・なにかちょっとしたものを差し上げるときに……

折って、包んで、贈りたい、「折形」のこと

　折形を簡単な言葉でいうと、「のし紙」や「のし袋」のようなこと、と言えばおわかりになるでしょうか。

　冠婚葬祭など神仏を祀るため、贈りものをするため、または、それらの儀式に必要なしつらいを飾るために、白い和紙を折ってものを包む方式があります。それが「折形」です。折形の形によって、中になにが入っているかがわかるようになっているのも、ひとつの特徴です。そのような捧げものをしたり、贈りものをする作法を、私たち日本人は古くから行ってきました。例えば、ひとさまになにかを贈るときに、むき出しにすることは無作法なこととされ、通常は白い紙に包んでお渡しします。真白い紙に包んで贈るということは、贈りものが清められていることを示します。また、誰しも自覚がないままなにかしら罪深いことをしてしまっているかもしれませんが、そのような贈り主自身の持つ身の穢れを清め、相手に移さないこと、さらに物理的な塵などの汚れから贈りものを守る意味を持ちます。つまり、相手を大切にする心を表しているのです。折形とは、私たちがいだく神仏や自然に対する畏敬の念や祈り、そして、ひとさまに対する感謝、尊敬、愛情、謙譲さなどの心が形になったものでもあるのです。

　折形は、折紙と発祥を同じとし、古代の神祀りなどの依り代として発生したといわれています。折紙といえばすぐに鶴が頭に浮かびますが、おなじみの千羽鶴でわかるように、単なる遊戯折紙ではなく、れっきとした「祈り」のための折紙なのです。このような祈り、呪術に用いられた折紙は、神祀りの儀礼のための折紙から、贈答儀礼のための折形へと変化し、現代に伝わる折形になっていきました。

　折形は、室町時代に幕府の礼法の一環として制定されたといわれていますが、それ以前の詳しい歴史ははっきりしていません。

その後、小笠原流や伊勢流、吉良流などの礼法として定着してい
きました。上流社会の儀礼や贈答の作法として、折形は故実家
（故実に詳しい人）により一子相伝、幕府の中だけのお止め流と
して秘伝の形で伝えられたのです。江戸幕府にいたってもこの礼
法は取り入れられ、武士階級の規範として発展していきます。さ
らに、士農工商の厳しい身分制度の中で、経済力を持った商人た
ちが力をつけ、礼法を学ぶようになりました。それに伴い、町人
たちの間ではどこか少し形を変えた亜流が普及し、折形の種類が
飛躍的に増えていったのです。また、普及のもうひとつの要因と
して、江戸時代中期に和紙の生産技術が発展したことにより、一
般庶民の間にも和紙が手に入りやすくなったことや、さらに木彫
りの印刷技術が急速に発達して、書籍が普及したことが挙げられ
ます。

　明治になると、江戸時代まではお止め流であった小笠原流礼
法などの礼儀作法が女学校教育に取り入れられます。第二次世界
大戦前までは折形も学校の授業として教えられ、一般の女子に普
及したのです。ですが、戦後は一転、日本の文化が禁止されたり
軽んじられ、人々の生活習慣も変わったことで、自分で折って包
むという手間のかかる折形は、すっかりなじみのないものとなっ
てしまいました。

　しかし、現在の折形の形は、市販の祝儀袋、不祝儀袋、ぽち
袋、進物用の熨斗紙などとして、コンビニエンスストアなどでで
も24時間いつでも入手できるほど、私たちの生活にしっかりと
根付いています。ただ残念なことに、時代の流れやニーズの変化
とともに随分とアレンジが進み、本来の意味や形からかなり異な
っているものを目にすることがあります。古来、今日まで伝わっ
ている作法のひとつひとつには、すべてに意味があります。いま
一度それをおさらいし、この美しい日本の伝統文化である折形を、
次の世代にも残していきたいものですね。

和紙のこと

通常、折形に使われる和紙は、檀紙、奉書紙、半紙がほとんどです。それぞれの和紙には格があります。包みたいその事柄によって、誰から誰へ、現金・贈りもののどちらにするか、どの程度の金額にするか、どれくらいの大きさのものか、などを考えて、使用する和紙を選びましょう。和紙の寸法は洋紙のように画一的ではなく、各和紙製紙所の紙を漉く簀の寸法によっても異なることがあります。

檀紙

最も格の高い和紙で、厚手で白く表面に縮緬状のシボ（しわ）のある和紙です。婚礼など格式高い儀礼での、高額な金額を包む場合に使用されます。素敵だからといってちょっとした心付けには使えません。柾高檀紙〈394㎜×530㎜〉が標準サイズですが、さまざまな大きさの檀紙があります。

奉書紙

「奉書」とも呼ばれる厚手の白い高級和紙で、現在市販されているご祝儀袋などの儀礼用包みのほとんどに使われています。室町幕府の公文書にこの紙を用いていたことから、「奉書」と呼ばれるようになりました。紅色の紅奉書もあります。柾判〈394㎜×530㎜〉が標準サイズですが、さまざまな大きさの奉書紙があります。

半紙

文具店、書道用品店などで手軽に入手できる習字用の紙です。折形に使うには、漢字用の厚めのものがおすすめです。昔の手漉き和紙の標準寸法を半裁したので、半紙と呼ばれます。およそ242㎜×333㎜のサイズです。現金を包む内包みや心付けの包み、粉包みなどに使用されます。

懐紙

茶道の場でよく使われる、二つ折りの和紙の束。詳しくは、6頁をご覧ください。

かいしきを折る

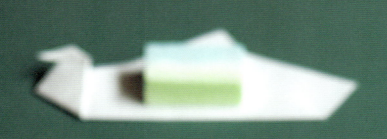

「かいしき」とは、本来、神前や仏前にお供えするときの敷きものです。穢れのない真白いかいしきは、神社や寺院のお供えものの下に見られます。古くは柏や常磐木の葉などを使用したそうです。
きちんとした儀礼の場では、奉書紙や檀紙を使いますが、お茶の世界やカジュアルな場では、懐紙をかいしきとして気軽に使うことができます。写真のように、お皿代わりにお菓子や食べ物をのせて、お客様にお出ししたりできます。とても便利なので、是非折ってみてください。

基本になるかいしきの形

　かいしきには、おめでたいときや普段に使用する吉事用と、不幸があったときや仏事に使用する凶事用があります。慶事の席に凶事用のかいしきを使っては失礼になりますので、吉事用と凶事用の使い分けに注意しましょう。

　かいしきは、さまざまな形がありますが、紙を折らずに、そのままの形で敷くこともかいしきの一つです。日本文化は言霊を大切にしますが、おめでたいことが重なるように、一枚ではなく二枚重ねに敷きます。慶事の色目襲ねの紅白、または白い紙で二枚重ねにすることもあります。紅白の二枚重ねの様を、紅色の縁取りがされた縁紅紙一枚で表すこともあります（40頁）。また、紙を二つ折りにすることで、二枚重ねを表します。反対に、凶事には悲しいことが一度きりで終わるように、一枚のみを敷きます。

　それから、写真のように二つ折りにする紙に角度をつけて吉、凶を表すことがあります。左の列が吉事用、右の列が凶事用です。

　日本のしきたりは、古代中国の思想を受けていて「天が先、地が後。左が先、右が後。」という原則があります。「君子南面す」のとおり、南を向いて、背を北に向けると、太陽が昇る東は人体でいうと左、太陽が沈む西は右にあたります。この理を表すと、左や上（天）が尊く、右や下（地）がそれに次ぎます。それを表したのが、かいしきの吉事の折り方です。二つ折りにした上側の左肩が高く、右肩が低くなっているので、天の理に順当であることを表した形です。反対に上側の右肩が高く左肩が低い形は、順当でない逆の形になるので、凶事を表すのです。このような天の理がかいしきの折り方に込められています。折形ひとつにも、宇宙の理論が入っているなんて、興味深くありませんか？

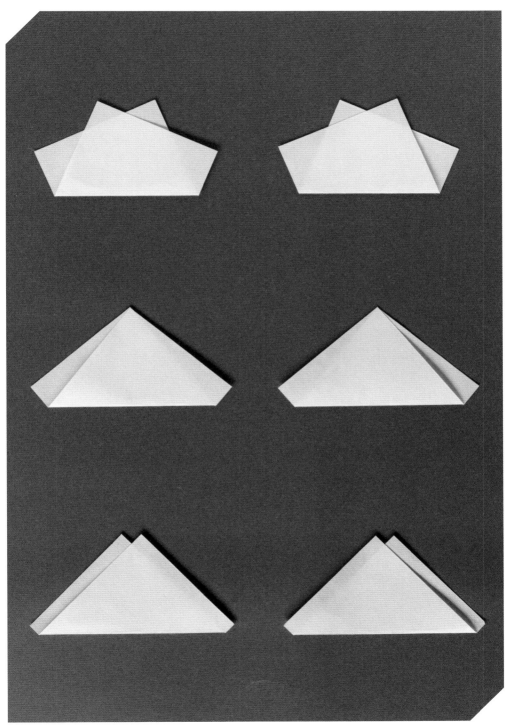

懐紙を折るときのコツ

1 懐紙にかぎらないことですが、ひとさまに何かを贈るときには、自分を清め、捧げものや贈りもの、そして、それを包む和紙に自分の穢れを移さないことが大切です。まずはきれいな手で折ることを心がけてください。

2 二つ折りの状態になっているので、折り曲がったくせがついています。できるだけその折りくせをのばすように折ると、きれいに仕上がります。

3 総じて和紙には表裏があります。手触りのつるつるしている面が表、ざらざらしている面が裏になります。懐紙もその例に漏れませんが、二つ折りの状態で外側の面が表、内側の面が裏と覚えるとわかりやすいです。表裏に注意して和紙を折りましょう。

4 懐紙は和紙でできていますから、何回もこすったりすると紙の繊維が毛羽立って、薄汚れた感じになってしまいます。できるだけ手際よく折ると、潔い形に仕上がります。とっさのときでも折形をさっと折るためには、あらかじめ練習して自分のものにしていなくては用を成しません。簡単な折形をご紹介しますので、練習をしてから実践なさってください。

5 奉書紙などを使った正式な折形と違って、懐紙で折るというのは簡単な心付けやかいしきを折るときが基本です。そこまで厳格な作法は気にしなくても大丈夫ですが、簡単なものでも正式な折形と同じような心遣いは忘れずに。お相手のことを思い浮かべながら、その方への感謝の気持ちを、心を込めて折ってください。

鶴のかいしき　その1

「鶴は千年、亀は万年」で知られるように、鶴は長寿やおめでたい象徴とされています。
このかいしきは古来伝わるものではありませんが、千羽鶴で周知のとおり、祈りも表します。
お慶びの場が華やかに彩られ話題にもなるので、覚えているととても便利です。

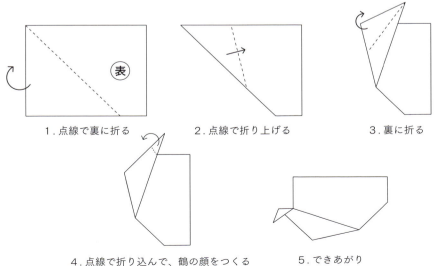

1. 点線で裏に折る　　2. 点線で折り上げる　　3. 裏に折る

4. 点線で折り込んで、鶴の顔をつくる　　5. できあがり

鶴のかいしき その2

先の「鶴のかいしき」(17頁)と同様に、お祝いなどのお慶びの場に使います。
鶴は事柄を選ばず、どんなお慶び事でも重宝します。

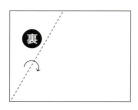

1. 点線で折り下げる

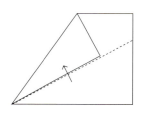

2. 1で折った部分に沿うように、点線で折り上げる

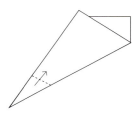

3. 図のように折り上げる

4. 点線で折り、鶴の頭をつくる

5. できあがり

亀のかいしき

おめでたいことには、対となった鶴と亀をよく見かけます。亀は不老長寿を表すことから、長寿のお祝いや婚礼のお席で重宝されます。折り方が簡単なので、「鶴のかいしき」（17・18頁）と一緒に覚えておかれるとよいでしょう。

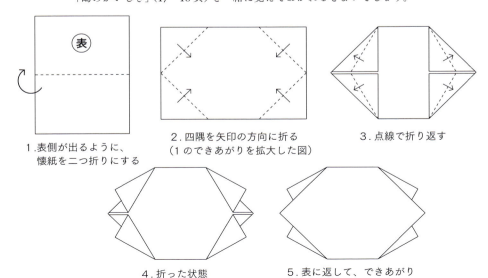

1. 表側が出るように、懐紙を二つ折りにする
2. 四隅を矢印の方向に折る（1のできあがりを拡大した図）
3. 点線で折り返す
4. 折った状態
5. 表に返して、できあがり

コロコロしたお菓子に便利なかいしき

転がりやすい小さなお菓子を供するときに、便利なかいしきです。基本の吉事のかいしき(15頁)を立体的にし、下の部分を狭くしているため転がりにくくなります。中心線から線対称に折ることが、きれいな形にするポイントです。金平糖などの細かいお菓子や主菓子にも使用できます。

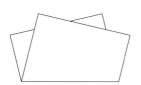

1. 吉事のかいしきに折る

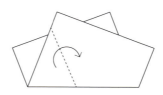

2. 点線で折る

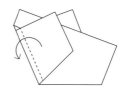

3. 2で折った部分を点線で折り返す

4. 右側も2と3の図と同様に折り上げ、折り返す

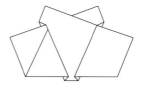

5. できあがり

黒文字を入れるかいしき

基本の吉事のかいしき(15頁)の右下を折ると、
黒文字を添えて主菓子を供することができます。お客様にお出しするときなどに、
黒文字が動いてどこかへいってしまうことがなく、便利なかいしきです。

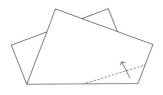

1. 吉事のかいしきに折り、
さらに点線で折り上げる

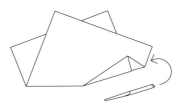

2. 袋状の部分に黒文字を入れて、
できあがり

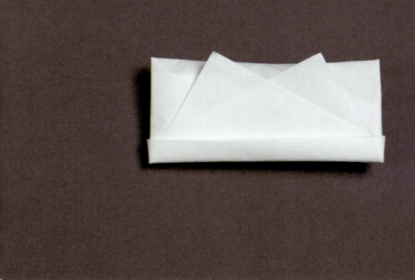

残菓包み その1

お客様になったときには、ご亭主の気持ちを推し量り、供されたお菓子をいただくのが礼儀です。残ってしまったら、残菓包みにして持ち帰ります。逆に、家庭などでお客様が残された場合は、さっと包んで、お持ち帰りいただくようにしましょう。この包みは小さなお菓子向きです。

1. 吉事のかいしきを折り、中に菓子を入れる

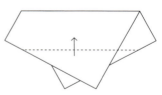

2. 点線で折り上げる

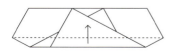

3. さらに点線で折り上げる

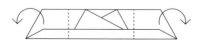

4. 左右の点線で裏に折る

5. できあがり

残菓包み その2

主菓子など、「残菓包み その1」(22頁)より、少し大きいお菓子も包むことができます。
シンプルですが、とても重宝する包みです。最後に先端部を入れ込むことがポイントで、
そうすると包みのふくらみが落ち着きます。

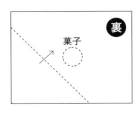

1. 菓子を中央に置いて、
   2の形になるように点線で折る

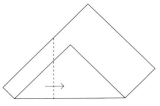

2. 左側を点線で折る

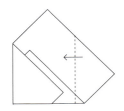

3. 右側も点線で折る

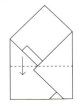

4. 中の菓子がつぶれないように、
   点線で折り下げる

5. 余った部分を
   下の隙間に入れ込む

6. できあがり

心付けの包みを折る

私たちが生活をしていく上で、人さまのお世話になることはたくさんあります。そのようなときに感謝の気持ちをさりげなくお伝えできたら素敵ですね。日常の中でお世話になった方へ、形式ばらずにお礼の気持ちを伝えるための、簡単な心付けの包みがあります。

ご紹介する折形は、本来きちんとした儀礼のお包みとして使うものですが、さっと折れる心付けの包みとしても覚えておくとなにかと便利でしょう。

たとう包み

「たとう」とは、ものを包むためにたたんだ包みのこと。「畳紙」と書くこともあります。「たたむ（畳む）」とは、畳が薄縁といわれた昔に、使わないときにはたたんでおき、使うときにその場へ運んで広げられる薄い敷物だったころに生まれた言葉です。たとう包みはシンプルですが応用範囲が広く、懐紙で折れば簡単な心付けの包みに、また、紙の格を変えて奉書紙や檀紙で折り、熨斗を添えて水引を結べば、冠婚葬祭の正式な包みになる万能な包みです。

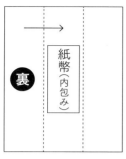
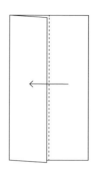
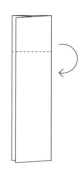

1. 紙幣や内包みの大きさに合わせて、左から三分の一くらいのところで折る

※懐紙ではなく、奉書紙などの正式な和紙を使う場合は、紙幣を内包みに入れる

2. 右から三分の一くらいのところで折る

3. 紙幣や内包みを折らないように、紙の上部を裏に折り下げる

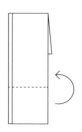

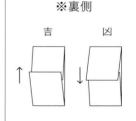

4. 下部を裏に折り上げる

5. できあがり

裏側の折り重ねは、吉事の場合は下の折り返しが外側に、凶事の場合は上の折り返しが外側になる

万葉包み
_{まんよう}

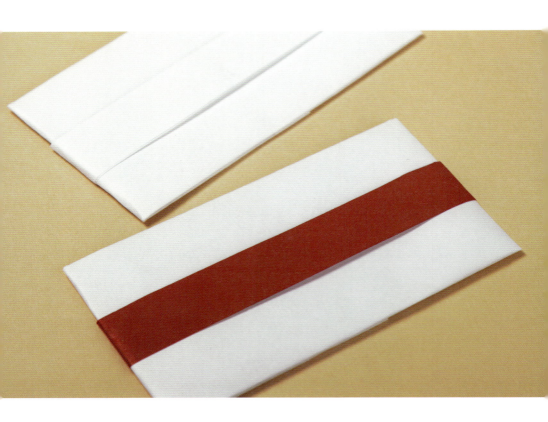

万葉包みとは、いろいろ（よろず）のものを包むことのできる包みです。応用範囲の広い便利な包みで、月謝や謝礼などの包みによく利用されます。月謝や謝礼を包むような敬意を表す場合は奉書紙などを使いますが、懐紙で折ると簡単な心付けの包みになります。

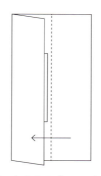

1. 紙幣や内包みを折らないように、左から三分の一くらいのところで折る
2. 右から三分の一くらいのところで折る
3. 重なった上側の紙の、左から三分の一くらいを右へ折り返す

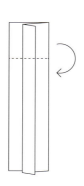
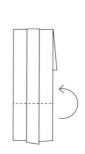
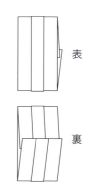

4. 紙幣や内包みを折らないように、上部を裏に折り下げる
5. 下部を裏に折り上げる
6. できあがり。写真は、白と赤の奉書紙を二枚重ねにしている

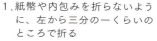

表書きをする場合

奉書紙を使った月謝包みにする場合は、間違いを防ぐ意味からも、包みの表に楷書で姓名を書き、先生にお納めしてください。謝礼や入会金をお納めする場合も、楷書で「謝礼」「御礼」「入会金（束脩）」などと記し、下部に姓名を記します。また、月謝などは新しく汚れのないお札を用意し、白い紙に心を込めて包みます。新しいお札でなくても、むき出しのままにしない配慮が礼の心です。

吉事の金封包み その1
凶事の金封包み

吉事の金封包み（赤い帯）
包みの左上が空いているものが吉事用です。斜めに折り出す難しい折り方なので、美しい形に折るには定規やヘラを使うとよいでしょう。吉事用の金封包みは外包みのほか、きちんとしたお祝いの内包みとしても使われます。こちらは正確に紙幣の幅に合わせて折っていく方法ですが、ざっくり折っていく方法（32頁）もあります。

凶事の金封包み（黄色い帯）
包みの左上が詰まっているものが凶事用で、お悔やみ事に使用します。吉事用の金封包みと間違えないように。凶事の表書きは、黒々した慶事用の墨ではなく、薄墨で書きましょう。また、凶事の場合は特に、内包みに忘れず住所、氏名も記入します。

〈吉事の金封包み〉　　　　　　　　〈凶事の金封包み〉

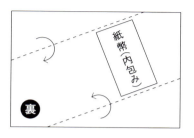 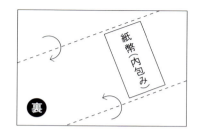

1. 紙の上に斜めに紙幣や内包みを置き、上下の折り目を決めて、矢印の方向に折る

1. 上下の折り目を決めて、矢印の方向に折る

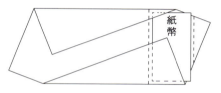 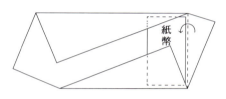

2. 右の点線の部分が4のできあがり図の㊤の位置になる

2. 紙幣の位置を定め、点線で折る

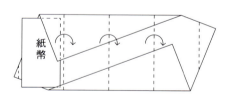 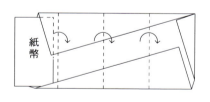

3. 2で決めた㊤になる部分の幅を覚えたら、紙幣の最初の置き位置を決め、左から右へ折り畳んでいく

3. 吉事用の金封包みと同様に、左から右へ折り畳んでいく

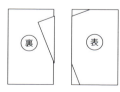 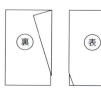

4. できあがり

4. できあがり

吉事の金封包み　その2

「吉事の金封包み その1」(30頁)と同じ形の包みですが、もう一つの折り方をご紹介します。
こちらのつくり方は、先の物よりもう少しざっくりしたつくり方です。
とっさのときにも対応できるので、懐紙での心付け包みとしても便利です。

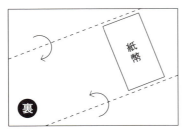

1. 「吉事の金封包み」(30頁)のように、紙幣の
   サイズに合わせて点線のあたりで折る

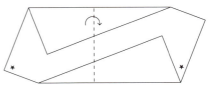

2. 左から右へ点線で折る

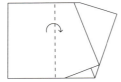

3. さらに左から右へ点線で折り、
   折りすじをつける

4. 一度開いて紙幣を入れ、左
   から右へ折り畳んでいく

5. できあがり

内包み

懐紙ではなく、奉書紙や檀紙できちんとした包みを折る場合は、現金を内包みに包みましょう。内包みは半紙で折るのが基本です。漢字用の厚めの半紙を使うと、中が透けて見えません。内包みには、吉事の場合に氏名と金額を、凶事の場合に住所、氏名、金額を記入しておくと、トラブルを未然に防ぐことができます。

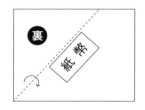
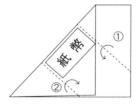

1. 紙幣を斜めに置き、半紙を点線で折り下げる
2. 紙幣の大きさに合わせて、右上を折り下げ、次に左下を折り上げる
3. 全体を置き直し、左から右へ、中の紙幣を折らないように折り畳む

4. もう一度、左から右へ折り畳む
5. できあがり

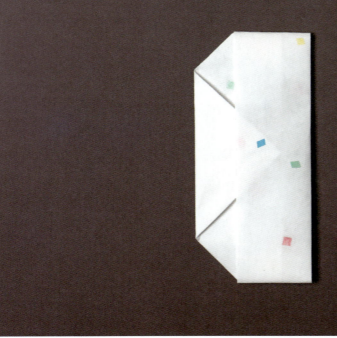

紙幣包み

「当座金子包み」などとして伝わる、とっさのときに便利な心付けの包みです。
簡単な折り方ですが、人さまのお世話に感謝の気持ちを示します。
冠婚葬祭などきちんとした儀礼の場ではなく、ささやかな気持ちを伝えるときに折りましょう。

1. 矢印の方向に折る

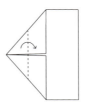

2. 点線で折る

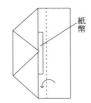

3. 折った紙幣を中に入れ、点線で折る

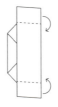

4. 上下の点線で裏に折る

5. できあがり

コイン包み

「紙幣包み」(34頁)など、当座金子包みの貨幣版です。「紙幣包み」と似たような形ですが、コインがこぼれないよう、中はしっかりした包みになっています。
急な場面であっても手元に懐紙があれば、素敵な心付けの包みを折ることができます。

1. 点線で折り下げる

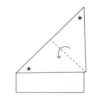

2. 1で折った三角形が半分になるように、折り下げる

3. 点線で折り下げる

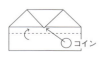

4. 中にコインを入れ、点線で折り上げる

5. 上下の点線で裏に折る

6. できあがり

縦長のコイン包み

複数のコインを入れるのに適した包みです。小銭をお借りしたとき、少額の会費をお渡しするとき、現金書留などで小銭を入れて送るときなど、ちょっとしたお金をお渡しする機会は多々あります。そんなときにさっと包むとよいでしょう。

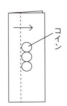

1. 左から右へ、懐紙を二つ折りにする
2. 真ん中にコインを1列に並べて、左から三分の一くらいのところで折る

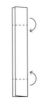

3. 右から三分の一くらいのところで折る
4. 上下の点線で裏に折る
5. できあがり

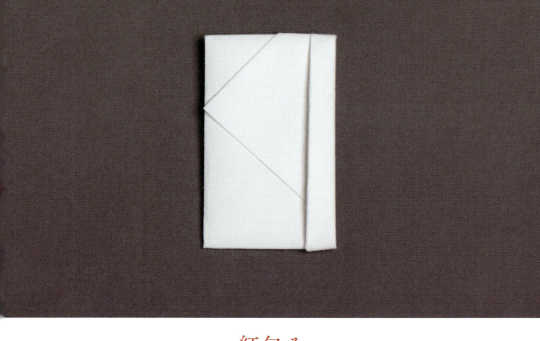

紅包み

進物包みの一種で、古くは紅を差し上げるための包みでした。
本来は奉書紙などの大きな紙で折るものですが、懐紙で折ってもシンプルな美しい形です。
現在でも、口紅や心付けの包みなどにも応用できるでしょう。

 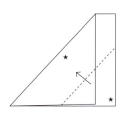 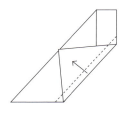

1. 点線で折り下げる　　2. 点線で折り上げる　　3. さらに点線で折り上げる

4. 上下の点線で裏に折る　　5. できあがり

打ち紐包み

古くは進物包みの一種で、懐紙で折ると小さいながら素敵な形の
包みができます。本来は、打ち紐（組紐）を包んで贈るための包みでしたが、
現代でも組紐のアクセサリーや小物、またはお金を包むなどして、いろいろな応用ができます。

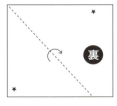

1. 点線で折り上げる

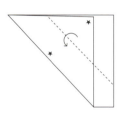

2. ★が重なるように、点線で折る

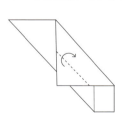

3. 点線で折る

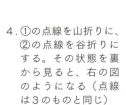

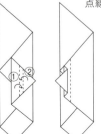

4. ①の点線を山折りに、②の点線を谷折りにする。その状態を裏から見ると、右の図のようになる（点線は3のものと同じ）

5. 上下の点線で裏に折る

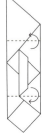

6. できあがり

覚えておきたい吉事と凶事の決まり事

	吉事	凶事
折り方	できあがった包みを右手で開けるように折る 最後の折りが上を向いている	できあがった包みを左手で開けるように折る（※30頁の「凶事の金封包み」は例外） 最後の折りが下を向いている
折る順番	左→右　上（天）→下（地）	右→左　下（地）→上（天）
紙の枚数	一枚もしくは二枚重ね〈おめでたいことが重なるように〉	一枚〈悲しみごとが一度きりになるように〉
かいしきの形	二つ折りにした上側の左肩が上、右肩が下	二つ折りにした上側の左肩が下、右肩が上
水引結び	婚礼：真結び、鮑（淡路）結び 進物：両輪結び〈何度あってもよいこと・平たいもの・草花〉 片輪結び〈何度あってもよいこと・丸いもの・筒状のもの・木の花〉 鮑（淡路）結び〈格の高い事柄〉	真結び 鮑（淡路）結び〈一度きりであってほしい結び切りの結び〉
水引の手先	過去は余った手先を切らなかった〈忌み言葉である「切る」を避けた「輪結び」や「鮑返し」がその例〉	余った手先を潔く切る
水引の色	紅白、金銀	黒白、黄白、双銀（銀色のみ）、神道では双白（白色のみ）
水引の数	奇数（陽の数）	偶数（陰の数）
熨斗	熨斗を添える	熨斗を添えない
表書き	黒々とした墨を使う	薄墨を使う
内包み	氏名と金額は必ず記入する	氏名、金額、住所は必ず記入する

※基本的に、日常のことは吉事に準じます。

陰陽論とは、古代中国の思想で森羅万象を陰と陽に分ける考え方ですが、私たちの周りのことも、二つに分けて考えることができます。たとえば、陽と陰、太陽と月、昼と夜、表と裏、光と陰、男と女、木と草花、動と静、吉と凶などに分けられます。

これらの考え方はあくまで物事の性質の違いや対比であって、陽性が陰に勝っている、陰性が劣っているという意味ではありません。これら陰陽のバランスをとりながら、私たちの活動も、宇宙の運行も日々、行われていると考えられています。

お手軽な縁紅紙を使った折形

懐紙は手軽に使える和紙ですが、そのほかに縁紅紙というとても便利な和紙もあります。

縁紅紙とは、白い紙に紅色の縁取りをした正方形の紙です。紅色の紙の上に白い紙が置かれている二枚重ねを、一枚の紙で表している形でもあります。慶事の色目重ねである紅色が華やいだ雰囲気を醸し出し、厳かでおめでたい雰囲気があります。ただし、不祝儀には使えませんのでご注意を。

通常、和紙の専門店や百貨店の家庭用品売場、文具店で求めることができます。さまざまな大きさの縁紅紙があるので、包みたいものの大きさに合わせて紙を選ぶことができます。その縁紅紙を使った心付けの包みをいくつかご紹介します。

縁紅紙を使った包みを懐紙で折りたい場合は、懐紙を正方形に裁断して使いましょう。

縁紅紙を使った心付けの包み　その1

この包みは、万能な「たとう包み」です。同じ心付けの「たとう包み」(26頁)でも、懐紙で折るのと縁紅紙で折るのでは、全く異なった雰囲気になります。小さな縁紅紙で折ると、心付けの包みになりますが、大きな縁紅紙で折ると、お祝いの金封包みなどの内包みにもなります。

1. 紙幣を中心に置き、左から三分の一くらいのところで折る(たとう包みに折る)

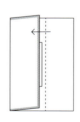

2. 右から三分の一くらいのところで折る

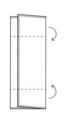

3. 紙幣を折らないように、上下の点線で裏に折る

4. できあがり

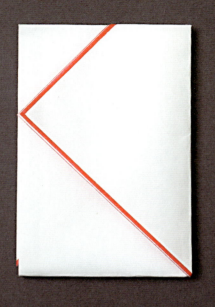

縁紅紙を使った心付けの包み その2

これは、古来伝わる紅包みを応用しました。シンプルですが、表になる部分をアシンメトリーに折り出すことによって、洗練された形になります。縁紅紙を使うことで、意匠の美しさが際立ちます。

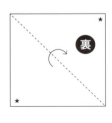

1. 三角形に折り上げると、縁紅紙の表が出る

2. 中に紙幣を入れて点線で折る

3. 紙幣を折らないように、上下の点線で裏に折る

4. できあがり

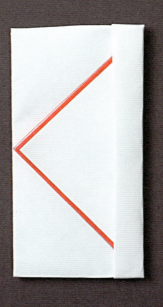

縁紅紙を使った心付けの包み　その3

伝統の薫香包みで、本来はお香を包むための折形です。
縁紅紙を使って折ると、白に紅色の縁取りが美しい、華やかな折形になります。
お香の他に小さなもの、心付けなどを包んでもいいでしょう。

1. 三角形に折り上げると、縁紅紙の表が出る

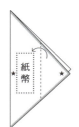

2. 中に紙幣を入れて点線で折る

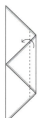

3. さらに左に折り返す

4. 紙幣を折らないように、上下の点線で裏に折る

5. できあがり

祝い事の彩りになる包みを折る

折形にはお正月やおめでたい席を彩る包みが、たくさん残されています。新しい年の歳神様をお招きするお正月には、歳神様を迎える門松包み、歳神様とともにおせち料理やお雑煮をいただく祝い箸包み、歳神様から今年を生きるための力をいただくお年玉包みなど、歳神様とともに過ごすときを彩るための折形が満載です。

また、私たちはおめでたいことがあったとき、お赤飯やお餅を配る風習があります。それに添えるごま塩包みやきなこ包みには、一枚の紙からこんなに多彩な形が生まれるのかと、驚くほどたくさんの意匠があります。紙に切り目を入れることなく形を折り出すのは、先人の思いを感じる楽しいひとときです。

鶴のごま塩包み

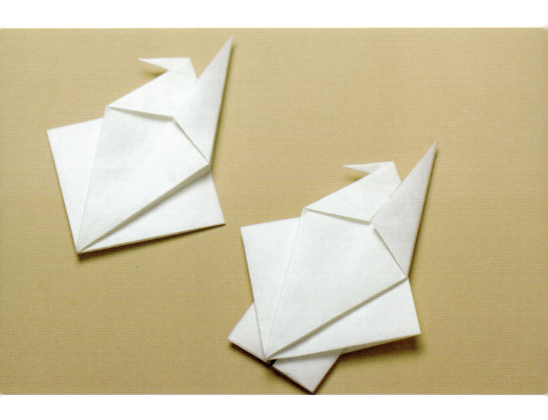

私たち日本人は、お祝い事があるとお赤飯を炊いたり、お配りしたりします。
お赤飯には、ごま塩を添えるのがならいです。お祝い事の事柄によって、
さまざまな形のごま塩包みが古くから伝わっています。
中でも、おめでたい鶴をかたどったごま塩包みは、どんなお祝い事にも使えます。
左の鶴のごま塩包みは、正方形の紙から折り出したものです。

1. 図のように折りすじをつける

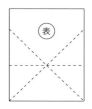

2. 紙を表に返し、対角線の中心を通る折りすじをつける

3. 裏に返して折りすじにしたがって折り込み、三角形をつくる

4. 点線で折りすじをつけ、三角形の角を折り込む

5. 図のようなかたちになる

6. 図のように前方部は手前に、後方部は後ろ側に折る

7. 点線で折り込んで、鶴の顔をつくる

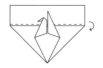

8. 矩形の上部を裏に折る

9. 裏返して、8で折った部分を二つ折りにする

10. さらに二つ折りにする

11. 左右を中央に向かって折り下げる

12. 裏面の仕上がり

13. 12を裏返して、できあがり

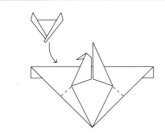

鶴のお腹の袋状の部分に、ごま塩(粉)を包んだ内包みを入れる

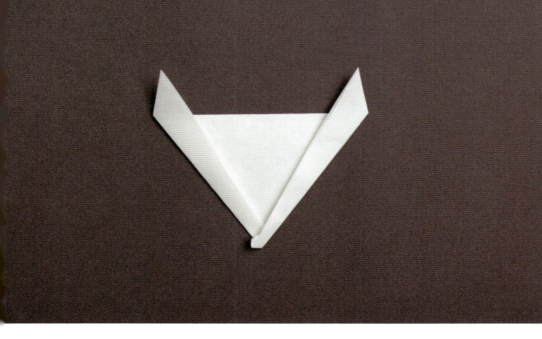

粉の内包み

ごま塩などは内包みに包んでから、粉包みの袋状になった部分に入れ込みます。包む中身によって粉包みの形はさまざまですが、粉の内包みの種類は少なく、この形に包むことが多いです。紙を正方形に裁断してから、折ってください。

1. 外包みに合わせて適宜正方形の紙を用意し、斜めに半分に折る

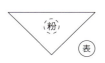

2. 中心部にごま塩(粉)を入れておく

3. 点線で折る

4. 右側も点線で折る

5. できあがり

熨斗のごま塩包み

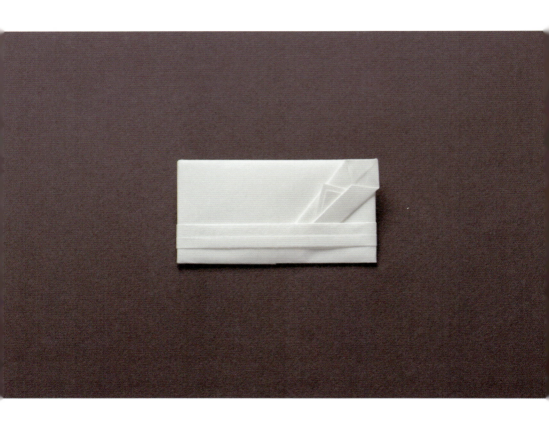

お赤飯に添えることが多い包みで、市販のごま塩袋のモチーフとなっています。
熨斗を折り出す、少し複雑な折り方です。懐紙で折ると小さい包みですが、
通常は半紙（書道用）の半裁を使って折ります。ごま塩は「内包み」（49頁）に包み、
裏に折った三角の部分に入れます。

1. 紙を裏返して、図のように折りすじをつける

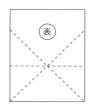

2. 紙を表に返し、対角線の中心を通る折りすじをつける

3. 裏に返し、折りすじにしたがって折り込み、三角形をつくる

4. 点線で裏に折る

5. 天地を入れかえて、点線で折り上げる

6. 三角を正方形に開く

7. 正方形から熨斗を折り出す

〈熨斗のつくり方〉

1. 点線で折り下げる

2. 1で折った角を、点線で折り返す

3. ①で折りすじをつけ、②の点線で折る

4. 点線で折り返す

5. 4でつくった折りすじにしたがって、右から左へ折る

6. 熨斗のできあがり

8. 内包みを中に入れ、下の部分を折り上げて蓋をする

9. 蓋の部分を①で谷折りにし、②で山折りにする

10. 左右を裏に折る

11. できあがり

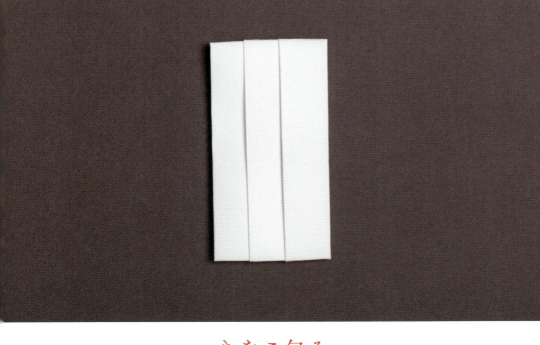

きなこ包み

儀礼の贈答では、お餅を配ることがあります。そんなとき、お餅に添えて贈るのが「きなこ包み」です。古くは貴重であった砂糖をきなこ（大豆の粉）に加えて、それを「内包み」（49頁）に包んだあと、「きなこ包み」に入れます。

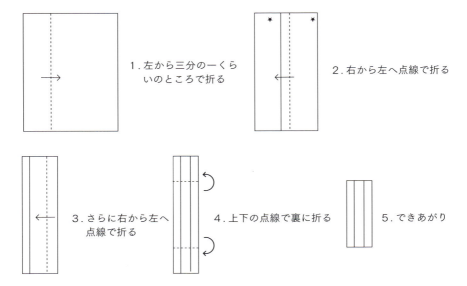

1. 左から三分の一くらいのところで折る
2. 右から左へ点線で折る
3. さらに右から左へ点線で折る
4. 上下の点線で裏に折る
5. できあがり

鶴のお年玉包み

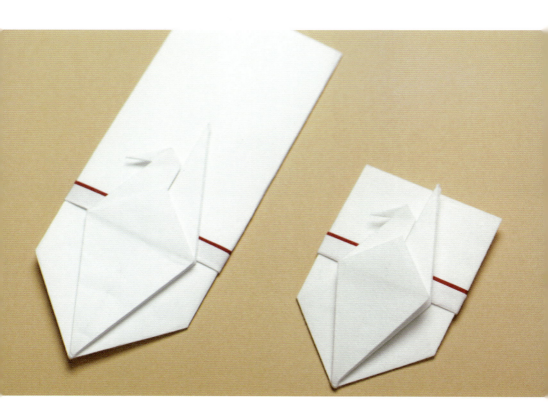

一枚の紙から鶴の形を折り出すお年玉包み。新しい年を寿ぐのにぴったりで、
その美しさからもみなさまに喜んでいただけます。
紅色の紙を縁取りに挿すと、さらにおめでたい雰囲気が漂います。
この折形は「鶴のごま塩包み」(46頁)を応用したもので、小さい心付けの包みにもなります。

1. 265mm×160mmの紙を用意し、図のように折りすじをつける

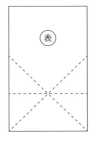

2. 紙を表に返し、対角線の中心を通る折りすじをつける

3. 裏に返して折りすじにしたがって折り込み、三角形をつくる

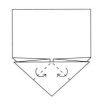

4. 三角形の左右の角を図のように折り下げて、折りすじをつける

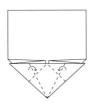

5. さらに、三角形の左右の角を図のように折り上げて折りすじをつけ、折りすじにしたがって折り込む

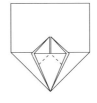

6. 図のように折り上がり、4の折りすじが残る

7. 図のように、前方部は手前に、後方部は後ろ側に折り、折りすじをつける

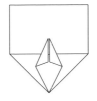

8. 折ったままの状態は図のようになる

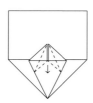 

9. 6の状態に戻し、4でつけた折りすじを手前に引いて折り込むと、10のようになる

10. 後ろも図のように折り変える

 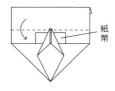

11. 上部を裏に三つ折りにする

12. 三角形の袋状になったところに折った紙幣やコインを入れ、上から蓋をするように上部を折り下げ、鶴の後ろに入れ込む

13. 赤い紙を入れる場合は、11で折った三つ折りの部分に細く切った赤い紙を入れ込む

14. 中に入っている紙幣を折らないように、左右を裏に折る

15. 鶴の顔を折る

16. 裏は、図のように入れ込んで、できあがり。懐紙で折る場合も手順は同じ

※ 懐紙で折ると、できあがりはこのような状態になる（赤い紙は入れていない）

本来のお年玉とは？

お年玉とは、「お正月に子どもたちに渡す現金のこと」と思っていらっしゃる方が多いと思います。実は、お正月にやってくる歳神様からの賜りもののお餅を、大人も子どももいただくことを、かつては「お年玉」といいました。

新しい年の歳神様を迎えるお正月は、その年の平穏無事、健康、子孫繁栄などとますますの繁栄を祈る行事であり、新しくやってきたその歳神様の依り代はお鏡餅だと考えられてきました。お餅はお米の結晶であり、神様の御魂が宿るものと古来大切にされてきました。その神様の御魂であるお餅をその年を生きていく力として、私たちが神様からいただいてきたのです。それを年の初めの賜りものとして「年賜」「年魂」といいました。この風習が、神仙思想と結びつき、蓬萊飾りや喰い積みの習慣となっていきました。同時に、商家や各業種の親方と職人、師匠と弟子などの間で、現金をご祝儀に配る習慣があり、それがお年玉として子どもに現金を渡すようになっていったようです。

昔と現代では、お年玉の形態は変わってしまいましたが、日本のお正月の代表的な伝統行事です。新しい時代を担っていく子どもたちに、心のこもった折形で手渡して、日本の美を感じてほしいものですね。

祝い箸包み

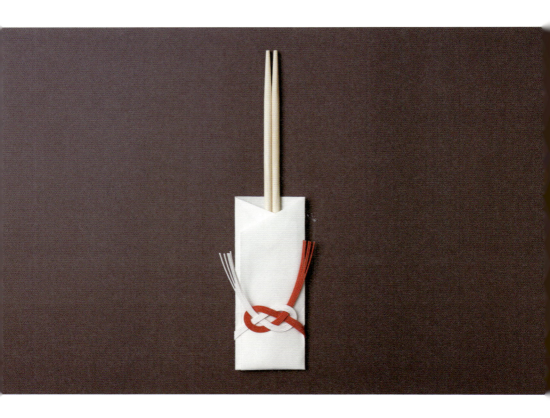

お正月やおめでたい席に使う祝い箸は、
その祝いの席にだけ使う一度きりの清浄な白木の箸です。
一般的にお正月に使うお箸としては、「家内喜」の言霊の縁起よさからも、
柳の祝い箸を使うことが多いです。奉書紙で折って水引を結ぶと、
お正月を寿ぐ祝い箸包みになります。

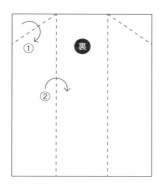

1. 図のように折りすじをつけて、左から三分の一くらいのところで折る

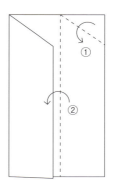

2. 右から三分の一くらいのところで折る

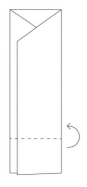

3. 下部を裏に折り上げる

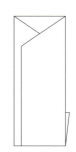

4. できあがり

祝い箸について

祝い箸は、通常、柳・檜・杉などで作られた白木の両口箸（両細箸）が使われます。両方の端が細くなっていて、片方で私たちが食物をいただくのと同時に、もう片方で神様も一緒にいただく「神人共食（しんじんきょうしょく）」の箸です。使うのは一度きりで、神事や神様にお供えした神聖なものをいただくときなとに使われます。祝い箸に似ている割り箸は、言霊の上からもよくない意味合いを持つので、おめでたい席には決して使わないようにしましょう。

門松包み

お正月は、新年の歳神様をお招きする行事です。門の外に一対の竹と松を立てますが、若松の一対でも役割は同じです。松は神様の依り代となる神聖な木で、旧年中の汚れを大掃除して家の中を清めたのち、準備ができたしるしに門松を立てます。正式には奉書紙や檀紙で折りますが、懐紙だと若松にちょうどよい大きさの包みとなります。水引は「片輪結び」(66頁)を結びます。

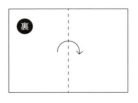

1. 左から半分に折る

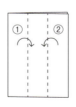

2. 左・右の順に三つ折りにする

3. 点線で折り返す

4. できあがり

5. 門松包みに水引を結ぶ場合、「片輪結び」(66頁)にする

花包み

花包みにはたくさんの種類がありますが、これは懐紙で折れるシンプルな花包みです。庭に咲く花などを手みやげとして差し上げるときに便利です。「門松の包み」(60頁)は長いものを包むのに対して、この包みは短いものや一輪を包むのに向いています。水引を結ぶ場合、草花は「両輪結び」(67頁)になりますが、木の花包みは「片輪結び」(66頁)になります。

1. 門松包みの1〜4と同じように折り、点線で裏に折る

2. できあがり

3. 草花の包みに水引を結ぶ場合、「両輪結び」(67頁)にする

水引を結ぶ

水引の発祥ははっきりとわかっていません。一説には、唐からの貿易品に
紅白に染め分けられた麻ひもがかけられていて、それを模倣した結果、日
本独自の水引が発展したともいわれています。
水引は紙を細長く裁断したものを縒り、それを真ん中から左右に分けて紅
白や黒白、黄白に染めたり、金銀などは色の違った金属箔を巻いたりした

紙の紐のようになっています。古くから日本では、贈りものを白い和紙で包んだ上に、水引を結んで差し上げるという習慣がありました。水引の作法はそのときの事柄に合わせて、水引の色、本数、長さ、結びの種類を変えるので、覚えておくとよいでしょう（39頁参照）。また、水引は一度折れてしまうと元には戻らない上、再使用はできませんのでご注意を。

真結び

　シンプルですが、最も格の高い結びです。冠婚葬祭などの正式な儀礼でもこの結びが使われます。結び切りとも呼ばれ、結婚式や葬儀など一度だけであってほしい事柄に使用されます。両端(両方の手先)を引っ張っても強く締まるばかりで解けることはなく、機能面でもきっちりと結ばれます。縦結びにならないように注意しましょう。

1. 白の水引の手先が下になるように、一つ結びにする
※凶事の場合、黒白・黄白・双銀の水引を使う

2. 図のように、白の手先が赤の輪をくぐるように通す

3. しっかりと結ぶ前の状態

4. 両手先を引っ張って固く結んで、できあがり

輪結び・日の出結び

「真結び」(64頁)の応用です。昔は言霊を重んじて、おめでたい事柄のときに水引を「切る」ことを避けました。そのため、長く余った手先をどうするか、いろいろな方法がとられました。その中のひとつが「輪結び」で、長く余った両手先で輪をつくっています。水平線に昇る朝日のような形を「日の出結び」とも呼び、結婚などの新たな出発となるお祝い事に使われます。

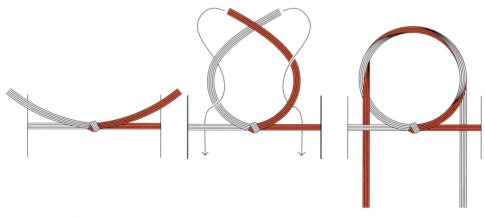

1. 「真結び」(64頁)を結ぶ
2. 紅白の手先を交差して、矢印のように輪に通す
3. できあがり

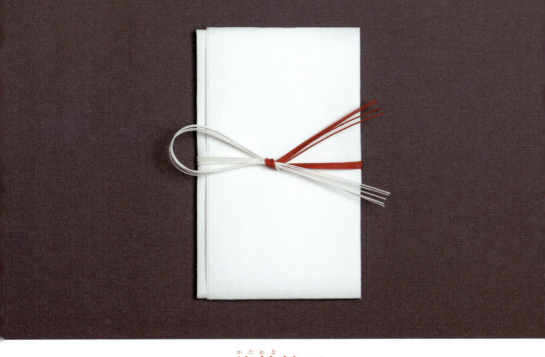

片輪結び

片輪結びは、「かたわなむすび」と呼びます。「わな」とは室町時代の言葉で、「輪」のことをいいます。陰陽論では、数も陰と陽に分けられ、1・3・5・7・9の奇数は陽の数、2・4・6・8の偶数は陰の数となります。輪が一つの片輪結びは陽の結びになり、木の包みや筒状の丸いものの包みに結びます。片輪結びは、手先を引っ張るとさっと解ける結びです。

1. 白の水引の手先が下になるように、一つ結びにする

2. 図のように、白の水引で輪をつくる

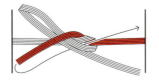

3. 赤の手先を白の輪の上に通し、図のように間に通す

4. できあがり

両輪結び

両輪結びは、「もろわなむすび」と呼ばれます。輪が二つで偶数になるため、
陰の結びになります。両輪結びは、両端（両手先）を引っ張るとさっと解けてしまいます。
何度あってもいいお慶び事の出産祝いや入学祝いなどの贈答にも使います。
ちなみに、草花の包みや平たいものの包みにも結びます。

1. 白の水引の手先が下になるように、一つ結びにする

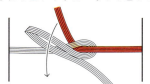

2. 図のように、白の水引で輪をつくり、赤の手先を輪の上に通す

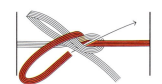

3. 矢印のように、赤の手先を白の水引の間に通す

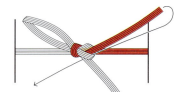

4. 矢印のように、赤の手先を再度、白の水引の間に通して輪をつくる

5. 輪の大きさを左右対称にしてしっかり結び、できあがり

鮑結び・淡路結び

「鮑結び」「淡路結び」と二つの名前があり、由来ははっきりしません。
両手先を引くと結びが解けずに締まることから、結婚の祝儀用に使われることの多い結びです。
古くは、吉事用にのみ使われたようですが、この頃は不祝儀にも使われます。
「真結び」(64頁)と同様に、婚礼・葬礼関係の結びです。

1. 白の水引で輪をつくり、赤の水引を矢印のように動かす

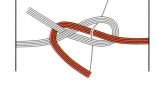

2. 赤の水引の手先が、矢印のように白の輪と赤の水引を通り抜けるように動かす

3. 水引を揃えて、全体の形をととのえて、できあがり

鮑返し・淡路返し

「鮑結び・淡路結び」（68頁）の応用です。「輪結び」（65頁）と同様に、
水引の余った手先を「切る」ことのないよう、手先を鮑結びの中に通して下に引き出します。
陰陽のバランスのとれた美しい形です。結びの形が大きいため、
吉事の進物に使われることが多くあります。

  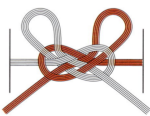

1.「鮑結び・淡路結び」（68頁）を結ぶ
2. 白の手先を図のようにして、赤の手先を矢印のように通す
3. できあがり

梅の花結び

お正月などには、梅の花の水引結びを結んでも華やかです。
これは、「鮑結び・淡路結び」(68頁)の応用です。
きれいに結ぶポイントは水引をよくしごくこと、
水引を揃えながら結ぶこと、五弁の大きさを揃えることです。
この結びは儀礼用の結びではありませんので、カジュアルに楽しんでください。

水引の中央

1.「鮑結び」(68頁)の要領で、紅白の水引を綺麗に揃えながら図のような形にする

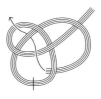

2. 矢印のように手先を動かす

3. 鮑結びが完成したら、左の手先を中央の輪に入れる

4. 右の手先を3の左の手先でつくった輪に通す

5. 五弁の花びらが均等になるように形を整え、余分な長さを切り揃えてワイヤーなどで結んで、できあがり

結び熨斗(のし)

懐紙を使った当座の心付けには、正式な熨斗ではなく、気軽な熨斗を添えて。
ちょっとした贈りものや心付けに、熨斗包み（熨斗あわびを包むための和紙の包み）のない
「熨斗」を添えることがあります。熨斗を結ぶ、縁起のよい「結び熨斗」。
これも立派な熨斗です。水引を使って簡単につくることができます。

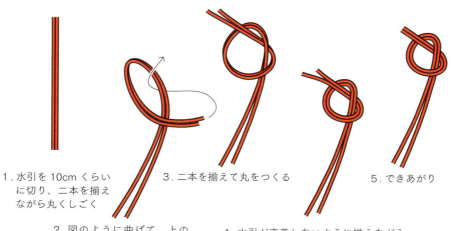

1. 水引を10cmくらいに切り、二本を揃えながら丸くしごく
2. 図のように曲げて、上の手先を矢印のように通す
3. 二本を揃えて丸をつくる
4. 水引が交差しないように揃えながら形を整え、余分な部分を切り揃える
5. できあがり

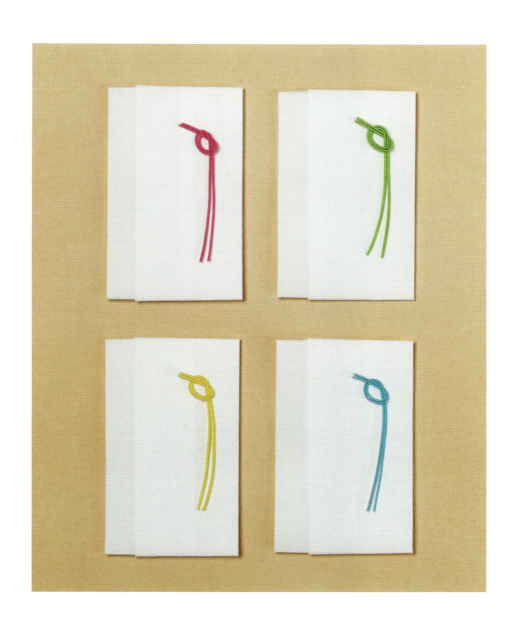

水引の色を変えて、バリエーションを楽しむのも一興です。

松葉熨斗

一年中、緑を絶やす事のない常磐木の松。長寿や生命力、繁栄の象徴とされ、お祝い事に欠かすことのできないモチーフです。そんな格調高く、おめでたい松葉が水引で簡単につくれます。小さな懐紙の折形にも使いやすい熨斗です。

1. 緑の水引を10cm程度に切る

2. 水引を半分に折って、8mm×8mmの金紙を上部に巻く

3. 松葉のできあがり

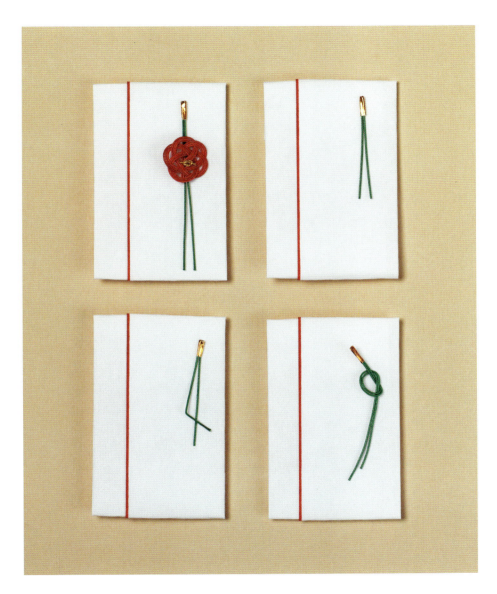

梅の花の松葉熨斗　　　　　松葉熨斗
折れ松葉熨斗　　　　　　　松葉の結び熨斗

おわりに

2014年、「和紙　日本の手漉き和紙技術」が国連教育科学文化機関（ユネスコ）により無形文化遺産に登録されるという、喜ばしいニュースがありました。

手漉き和紙の伝統的技術が世界的に大きな評価を受けたのです。近年、その技術の継承が危ぶまれていましたが、これを契機に日本古来の素晴らしい和紙文化が受け継がれ、保護されていくことを祈ります。

折形は長い年月をかけて、わが国の手漉き和紙の発達とともに歩を進めてまいりました。

手漉きの和紙の美しさは、それは神聖で、魅力的なものです。その素晴らしい和紙がなくては、折形は存在し得ないものなのです。

私たちの祖先によって練り上げられてきた、美意識の結晶である和紙文化ですが、世界に認められてはじめて、私たちは身近にあるそれらの素晴らしさをやっと認識しはじめたのです。

継承者がいないために今にも消えていきそうな、本当に素敵な伝統文化が、私たちの周りにはここかしこに息づいています。

そんな日本固有の素晴らしい文化を、次の世代にも伝えていけたらと願ってやみません。

このたび、「茶道をなさる方に、懐紙を使った折形の本を」と
いうご依頼をいただきました。
懐紙は日常の用をなす、素晴らしい、万能な和紙です。
お茶席での使用はもちろんですが、それ以外の場面でも、役立
ちます。
本来の折形は奉書紙や檀紙で折って、神様に捧げものをするほ
ど格式高いものです。その中から、折形をより身近に親しんで
いただくための本になればと思い、懐紙でも手軽に折れる折形
を選び、ご紹介させていただきました。
この本をきっかけに、折形や懐紙に興味を持っていただければ
幸いです。
そして、和紙の手触りも楽しんでみてください。

今回、『なごみ』誌に一年間連載された「懐紙でつくる折形」
をまとめて単行本を上梓する機会をいただきましたこと、淡交
社の皆さまに厚くお礼申し述べさせていただきます。
編集を担当してくださった平間素子さま、土屋晴香さまには、
大変お世話になりました。
デザインを担当してくださった名久井直子さま、カメラマンの
高橋宗正さま、白石ちえこさまにも、深く感謝申し上げます。

この本が、みなさまと周りの方々との円満なご交流にお役立て
いただければ、こんなに嬉しいことはありません。

長田なお

和紙の取り扱い店（五十音順）

懐紙やその他の和紙を購入できるお店を一部ご紹介します。その他、全国の百貨店や文具店などでも手に入れることができますので、お調べになってみてください。また、インターネットの通販サイトなどでもさまざまなメーカーの和紙を探すことができます。

	懐紙	奉書紙	檀紙	半紙	水引
鳩居堂 京都鳩居堂 京都本店　075-231-0510 京都市中京区寺町姉小路上ル 下本能寺前町 520 東京鳩居堂 銀座本店　03-3571-4429 東京都中央区銀座 5-7-4 〈他店舗〉渋谷店・新宿店・横浜店・池袋店・ 東京スカイツリータウン ソラマチ店	○	○	○ （東京鳩居堂）	○	○ （東京鳩居堂）
嵩山堂はし本 京都本店　075-223-0347 京都市中京区六角通麩屋町東入 https://suuzando.co.jp/onlineshop/	○	○		○	
辻商店 辻徳 京都本店　075-752-0766 京都市左京区岡崎円勝寺町 91 番地 101 グランドヒルズ岡崎神宮道 https://www.tsujitoku.net/	○				
榛原 日本橋本店　03-3272-3801 東京都中央区日本橋 2-7-1 東京日本橋タワー https://www.haibara.co.jp	○	○	○	○	○
ぴょんぴょん堂 京都本店　075-231-0704 京都市中京区寺町通四條上ル 京極一番街ビル 1F www.dento.gr.jp/piyon/	○				
遊 中川 中川政七商店 奈良本店　0742-25-2188 奈良県奈良市元林院町 22 https://nakagawa-masashichi.jp/ 〈他店舗〉札幌パセオ店・atre 吉祥寺店・ ecute 上野店・玉川高島屋 S・C 南館店・ 新丸ビル店・ジェイアール名古屋タカシマヤ店・ 近鉄あべのハルカス店・ルクア店・ アミュプラザ博多店	○				

折形別 使用できる和紙の一覧

	懐紙	奉書紙	檀紙	半紙	縁紅紙
かいしきを折る					
p.14　基本のかいしき　吉事・凶事	○	○	○	○	○（吉事）
p.17　鶴のかいしき　その1	○				
p.18　鶴のかいしき　その2	○				
p.19　亀のかいしき	○				
p.20　コロコロしたお菓子に便利なかいしき	○				
p.21　黒文字を入れるかいしき	○				
p.22　残菓包み　その1	○			○	
p.23　残菓包み　その2	○			○	
心付けの包みを折る					
p.26　たとう包み	○	○	○		
p.28　万葉包み	○	○	○		
p.30　吉事の金封包み　その1	○	○	○		
p.30　凶事の金封包み	○	○	○		
p.32　吉事の金封包み　その2	○	○	○		
p.33　内包み				○	
p.34　紙幣包み	○				
p.35　コイン包み	○				
p.36　縦長のコイン包み	○				
p.37　紅包み	○	○			
p.38　打ち紐包み	○	○			
お手軽な縁紅紙を使った折形					
p.41　縁紅紙を使った心付けの包み　その1		○（正方形に裁断）			○
p.42　縁紅紙を使った心付けの包み　その2		○（正方形に裁断）			○
p.43　縁紅紙を使った心付けの包み　その3		○（正方形に裁断）			○
祝い事の彩りになる包みを折る					
p.46　鶴のごま塩包み	○			○	
p.49　粉の内包み	○（正方形に裁断）			○（正方形に裁断）	
p.50　熨斗のごま塩包み	○			○	
p.53　きなこ包み	○			○	
p.54　鶴のお年玉包み	○	○			
p.58　祝い箸包み	○	○			
p.60　門松包み	○	○	○		
p.61　花包み	○	○			

長田なお（おさだ・なお）

幼時より日本の伝統文化に親しみ育つ。
学生時代から日本の古の文化に興味を持ち、古典籍を研究。
ロンドン留学時に、折形・水引の紹介を海外で始める。
帰国後、学校の講師や企業の企画、テレビや雑誌等で
日本の伝統的な文化を伝える活動を展開中。
著書に『陰陽五行でわかる日本のならわし』（淡交社）。
『暮らしのならわし十二か月』（飛鳥新社）では、伝統文化を監修。

装幀　名久井直子

写真　高橋宗正（10-13・15・24-25・44-45・62-63 頁・カバー写真）
　　　白石ちえこ

懐紙で包む、まごころを贈る

2015 年 8 月 18 日　　　初版発行
2021 年 6 月 10 日　　　8 版発行

著　者　　長田なお
発行者　　納屋嘉人
発行所　　株式会社 淡交社
　　　　　本社　〒 603-8588　京都市北区堀川通鞍馬口上ル
　　　　　　　　電話　（営業）075（432）5156
　　　　　　　　　　　（編集）075（432）5161
　　　　　支社　〒 162-0061　東京都新宿区市谷柳町 39-1
　　　　　　　　電話　（営業）03（5269）7941
　　　　　　　　　　　（編集）03（5269）1691

　　　　　　　www.tankosha.co.jp
印刷・製本　　図書印刷株式会社

©2015　長田なお　Printed in Japan
ISBN978-4-473-04038-1

定価はカバーに表示してあります。
落丁・乱丁本がございましたら、小社営業局宛にお送りください。
送料小社負担にてお取り替えいたします。
本書のスキャン、デジタル化等の無断複写は、著作権法上での例外を除き禁じられ
ています。また、本書を代行業者等の第三者に依頼してスキャンやデジタル化する
ことは、いかなる場合も著作権法違反となります。